Jean-Côme Noguès est né à Castelnaudary, dans l'Aude, en 1934. Grand amateur de cinéma, il aime aussi la marche à pied qu'il juge indispensable à son équilibre. Jean-Côme Noguès aime aussi passionnément l'écriture ; le sujet de *Papa fantôme* est né de sa rêverie alors qu'il revenait d'une promenade le long des quais. Ses livres ont été publiés chez Hachette, Gallimard, Rageot, Hatier, Flammarion, Rouge et Or et Bayard Éditions.

Né en Algérie en 1955, **Jacques Ferrandez** a suivi les cours des Arts décoratifs de Nice pour réaliser son rêve d'enfant : devenir illustrateur de bandes dessinées. Il débute dans le journal *À suivre*, puis publie plusieurs albums, récompensés par de nombreux prix, chez Casterman, Gallimard, Futuropolis. Marié et père de deux enfants, Jacques Ferrandez vit aujourd'hui à Paris.

Du même illustrateur dans Bayard Poche (Je bouquine) :
Bastille, mon amour !

Bayard Éditions est une marque
du Département Livre de Bayard Presse
ISBN 2. 227. 72324 . 6

Papa fantôme

Un roman de Jean-Côme Noguès
illustré par Jacques Ferrandez
mis en couleurs par Anne Bosser

BAYARD ÉDITIONS

1

La maison sous la pluie

Jeremy Smith. Je m'appelle Jeremy Smith. Comme j'habite Paris, cela fait un nom un peu étrange. Et pourtant, en Angleterre, Smith est un nom propre aussi passe-partout que Dupont ou Durand en France. Des Smith et des Jones, il y en a des foules. Jeremy aussi est un prénom très répandu.

De mon père, qui est anglais, ne me restent que ce nom, ce prénom et quelques taches de rousseur sur le nez. S'il est vrai que les Anglais ont plus de taches de rousseur sur le nez que les autres habitants de la planète. Je n'ai pas pu le vérifier, car je ne suis jamais retourné en Angleterre.

J'y suis né. Mon père est violoniste. Je voudrais bien savoir s'il est un grand violoniste, aussi grand que le violoncelliste que je deviendrai un jour.

Maman ne m'en dit jamais le moindre mot. Mon père et elle se sont séparés et nous ne parlons pas du passé. J'avais deux ans quand nous avons quitté l'Angleterre. Je ne me souviens de rien.

Mais alors, vraiment rien ! En un sens, c'est mieux ainsi. N'ayant jamais vu mon père depuis que j'ai l'âge de me souvenir, je peux l'imaginer à ma façon. Pas une seule fois maman ne m'a montré une photo de lui. Je suis sûr qu'elle en a. À douze ans dans deux mois, je comprends beaucoup de choses. Quand j'étais petit, je posais des questions. Elle me répondait toujours : « Je t'expliquerai plus tard ! »

Plus tard, elle ne m'a rien expliqué. Entre-temps, j'ai senti qu'elle ne souhaitait pas me parler de mon père, de leur vie à Londres, des raisons qui ont fait qu'un jour ils se sont séparés.

Et puis, moi, en grandissant, je n'ai pas eu envie d'en savoir long sur mon père. S'il avait été trop réel dans ma tête, je n'aurais pas pu lui pardonner de ne jamais prendre de mes nouvelles. C'est vrai, ça ! Lui et maman ne s'aimaient plus, ils ont divorcé, bon, d'accord ! Mais ce n'était pas une raison pour m'abandonner ! Alors, je préfère me fabriquer un papa de rêve. Je ne sais de lui que son nom. Tout le reste, je l'ai inventé. C'est drôle, hein ?

J'ai fait mon père. À ma convenance. Et puisque maman ne veut pas m'en parler, je n'ai pas besoin de lui demander comment il est.

Je devrais dire : comment il était. Car voici dix ans que maman ne l'a pas revu. Dix ans ! On change en dix ans. Je me demande s'ils se reconnaîtraient si, par hasard, ils se rencontraient.

Mon père s'appelle John Smith. Ça, c'est sûr. John Smith, c'est un nom encore plus passe-partout que Jeremy Smith. Pour un papa fantôme, c'est un nom qui va bien.

En plus des taches de rousseur que, peut-être, il n'a pas, il m'a légué le goût de la musique. Merci, papa, pour ce goût-là. C'est grâce à lui que je ne suis pas malheureux et que je peux passer mes soirées seul, en attendant le retour de maman. Je t'expliquerai.

Voilà que je lui parle, maintenant ! Cela m'arrive assez souvent et personne ne le sait.

Dans un livre de contes de quand j'étais petit, je garde une photographie d'Angleterre. Je l'ai découpée dans un calendrier, il y a deux ans. Elle est là, en ce moment, sous mes yeux. C'est une photographie en couleurs. Au centre, on voit une maison avec sa façade blanche un peu abîmée par les pluies. Il pleut tellement en Angleterre, à ce qu'on dit ! J'oubliais de préciser que cette maison est dans une région du nord, le Lancashire, je crois bien. Alors, forcément, il y pleut encore plus qu'ailleurs. Derrière la maison se dresse une haute colline noire. Au-dessus passent des nuages d'un violet sombre, qui sentent le vent et l'humidité. Il n'y a pas beaucoup d'arbres sur la colline, rien que des pentes dénudées. Des arbres, on en voit seulement autour de la maison. Au premier plan s'étend un pré à l'herbe verte qu'on devine froide et mouillée. Brr ! Des moutons sont couchés dans cette herbe. Ils ont la tête et les pattes noires. À part eux, on ne voit âme qui vive. C'est la solitude la plus complète dans un pays sauvage.

Mais à l'intérieur de cette maison...

À l'intérieur de la maison, il y a tout ce que j'imagine. Et j'en imagine, des choses, puisqu'il me suffit d'imaginer !

Il y a ma mère qui prépare le thé. Non, non, elle ne tempête pas contre tout ce qui est anglais. Pas encore. Elle verse l'eau presque bouillante dans une théière bleue avec des fleurettes et des petits oiseaux. Dans les assiettes s'empilent les gâteaux que j'aime, ceux enrobés de chocolat, mes préférés, et puis les bons gros gâteaux pareils à des pavés,

farcis de raisins de Corinthe, qui collent aux dents et tombent comme du plomb dans l'estomac.

Sur la vitre la pluie claque et ruisselle. J'aime la pluie. Maman ne soupire pas après un ciel parisien continuellement bleu dans son souvenir. Elle aime aussi la pluie, l'herbe mouillée et les moutons gonflés comme des éponges.

Et mon père va rentrer...

Le voici. Il a joué, à Manchester ou à Liverpool, le trio pour piano, violon et violoncelle en *do* mineur de Beethoven. Divinement. Mon père ne joue que divinement. Il ouvre la porte, et là, chaque fois, je m'arrête. Je ne sais plus imaginer. La maison s'efface dans la pluie. Tout s'éloigne... Papa fantôme disparaît. Je me retrouve dans ma chambre sous les toits à Paris.

De nos deux fenêtres on domine la Seine et l'allée des Cygnes. Des cygnes, je n'en ai encore jamais vu un seul, mais l'allée est une jolie promenade plantée d'arbres, au milieu du fleuve. À la fin juin, le soir, les tilleuls sentent tellement bon qu'on est heureux et qu'on a envie d'entreprendre plein de choses. Enfin, à moi, ça fait cet effet-là. Peut-être pas à tout le monde. Au bout de l'allée se dresse la statue de la Liberté, comme à New York. Elle doit être plus petite sûrement que celle de New York. Je sais que la France a offert cette statue aux États-Unis. J'imagine qu'avec les restes de bronze on s'en est fait une pour nous, histoire d'avoir un souvenir. On l'a plantée au milieu de la Seine et on a construit des tours qui font penser aux gratte-ciel.

En plus petit, elles aussi, bien sûr. Quand je marche sur le pont de Grenelle, je me crois à New York.

Il ne faut pas se figurer que je passe mon temps à rêver et à me promener. Je suis, au contraire, un garçon très occupé. Je terminerai bientôt la sixième au lycée, dans la classe musicale à horaire aménagé du Conservatoire national de Paris. Le matin, j'ai cinq heures d'enseignement général. Maths, fran-

çais, allemand, histoire, géographie, etc. Ce n'est pas rien, cinq heures. Je suis ce qu'on appelle un élève moyen. Pas d'étincelles, non. Mais aussi je n'ai pas beaucoup de temps. Je travaille le violoncelle deux ou trois heures tous les jours. En plus des cours du conservatoire, bien entendu. Oui, j'ai oublié de dire que l'après-midi est consacré à la musique : solfège, étude de l'instrument.

Je suis très occupé et je suis content. Travailler le violoncelle, pour moi, c'est sérieux, mais c'est tellement agréable qu'il me semble que ce n'est pas du travail. J'aime aussi transporter mon violoncelle. Jusqu'à l'année dernière, il était presque aussi grand que moi. Maintenant, ce n'est pas pareil, j'ai grandi. Je peux le porter. Difficilement, je l'avoue, mais j'y arrive. Lorsque, lui et moi, nous nous en allons le long des trottoirs, sous une pluie de feuilles mortes, nous sommes contents. Il me le dit ensuite, quand je le sors de son étui, avec des notes douces, claires, tendres, qui viennent toutes seules sous mon archet. Au lycée, je le traite en instrument, pas plus.

Il le sait. Je l'ai prévenu : « Mon vieux, tu vas faire comme moi, tu vas t'adapter. Le bon temps de l'école primaire et des leçons particulières, c'est terminé. Tu t'habitueras. »

Les mots mêmes que maman m'a dits quand je voyais arriver avec inquiétude le mois de septembre et l'approche de la rentrée dans un lycée gigantesque.

Il a reçu quelques égratignures, mais il s'est adapté. Je le laisse dans un coin de la salle de cours pour parler avec mes camarades. Pour chahuter un peu aussi. À la récréation, mine de rien, je lui

choisis un endroit tranquille. J'ai toujours peur qu'il lui arrive un malheur. Il y a des gars, on dirait que leurs jambes mesurent trois mètres et qu'ils chaussent du cinquante-huit. Ils ne contrôlent pas leurs mouvements. Un coup de pied est vite envoyé.

À la maison, c'est autre chose. Mon violoncelle est mon copain, mon ami, mon confident. Sauf le mardi, le jour de repos de maman, nous sommes seuls tous les soirs.

Tiens, j'ai oublié de dire ce que fait maman. Elle est habilleuse à la Comédie-Française. Un soir elle habille Chimène, un autre soir la Périchole, et puis Camille, et puis...

Tous les jours, avant qu'elle ne parte, je lui demande :

– C'est qui, aujourd'hui ?

– Marie de Neubourg. Il y a peu de costumes, mais qu'est-ce qu'ils sont lourds !

– Tu n'aimes pas Marie de Neubourg.

– Pas beaucoup, non.

Un autre jour :

– Et ce soir ?

– Sabine. Ça va !

Je ne sais pas qui est Sabine, mais je la trouve sympathique, parce qu'elle fatigue moins maman avec ses costumes. Elle doit porter un short et un chemisier. Peut-être même des chaussures de tennis. Ces jours-là, maman s'occupe aussi de Curiace, mais il s'arrange tout seul et ne se plaint jamais.

Marie de Neubourg*, c'est la pimbêche, la chichiteuse. Elle a des robes de velours avec des cerceaux, des dentelles, des rubans, des bijoux. Il faut une

heure pour l'habiller. Les soirs où je ne suis pas en forme, quand les notes ne se font pas belles et

* Marie de Neubourg est la reine d'Espagne dans *Ruy Blas*, de Victor Hugo. Sabine et Curiace sont deux personnages de *Horace,* de Corneille, et Chimène est l'aimée de Rodrigue dans *Le Cid.*

douces au bout des doigts et sous l'archet, je menace mon copain-violoncelle de le donner à Marie de Neubourg.

Maman ne m'emmène jamais dans les coulisses de la Comédie-Française. Au fond, j'ai une mère à mystères. Le soir, quand elle rentre, je dors. Quand j'arrive du lycée, elle se prépare à partir. Elle m'embrasse un peu trop vite et me lance :

– Tu as tout ce qu'il te faut dans le réfrigérateur. N'oublie pas ta douche !

Nous n'avons pas beaucoup de temps pour parler. Mais le petit déjeuner a toujours été un moment sacré. Nous nous rattrapons. Nous faisons sonner le réveil une demi-heure plus tôt, tant pis pour le sommeil, et nous pouvons bavarder. Tous ces gens dont maman me parle, je ne les ai jamais vus. Je ne connais que leur nom, comme pour mon père. Mais ça me suffit. Maman ne voit pas en eux des personnages de théâtre. Ils ne sont que des robes, des capes, des chapeaux, des cothurnes, des escarpins à mettre, à enlever, à ranger, à nettoyer.

Je lui parle des notes que j'ai eues et des devoirs pour le lendemain. Elle boit deux grands bols de café et moi un bol de chocolat.

Eh bien, depuis quelques jours, je sens que maman a changé. Je me demande si, en ce moment, elle n'habille pas tous les soirs Marie de Neubourg. Je lui trouve un drôle d'air préoccupé. Ou absent. Elle m'écoute, mais pas comme d'habitude. Elle a une façon de beurrer ses biscottes qui n'est vraiment pas la sienne. Elle regarde pendant des heures la goutte de confiture qu'elle laisse perler au bout de la cuillère sans se décider à la faire tomber.

– C'est Marie de Neubourg, ce soir, maman ?

Elle sursaute.

– Ce soir... non. C'est *Le Dindon**. Pourquoi me demandes-tu cela ?

– Pour savoir.

Je la regarde. Elle ne me regarde pas.

– Je te le demande tous les jours.

La goutte de confiture est tombée juste au moment où la biscotte se brisait. Les deux morceaux ont fait plouf dans le bol de café et maman n'a pas souri.

Il me semble qu'on me cache quelque chose dans cette maison, et je n'aime pas du tout cela. Mais alors, pas du tout.

* Pièce de Georges Feydeau.

2

Mon copain violoncelle

Ce matin, je n'allais pas au lycée puisque c'est mercredi. Je me suis offert une petite promenade dans l'allée des Cygnes. J'ai longé le pont de Bir-Hakeim jusqu'en son milieu. Par l'escalier, je suis descendu sur l'île. Il y avait peu de promeneurs. Toujours les mêmes. Des vieilles dames avec leur chien, deux ou trois hommes qui couraient pour retrouver leur forme, un clochard allongé sur un banc pour conserver la sienne. J'ai marché en regardant les jeunes feuilles des marronniers et des tilleuls, les moineaux et les pigeons, les péniches et les bateaux-mouches chargés de touristes. Et, bien entendu, je n'ai pas vu le moindre cygne. Je me suis fait une raison, ce n'est pas demain la veille du jour où les cygnes viendront.

« Mais nous sommes à la fin avril. Avec un peu de chance, on aura déposé dans le hall de la Maison de la Radio les programmes des enregistrements publics du mois de mai. »

Voilà à quoi je pensais en marchant sous les arbres.

La Maison de la Radio, c'est ma deuxième maison. Soyons gentil pour le lycée, disons que c'est ma troisième. Presque tous les jours on peut assister à des enregistrements d'émissions musicales. Il suffit de faire la queue pendant un long moment dans le hall pour retirer une carte d'invitation, puis de faire encore la queue pendant un autre long moment à l'extérieur en attendant que l'émission précédente soit terminée. « La musique est un plaisir qui se mérite », comme dirait mon professeur de solfège.

Normalement, les enfants ne peuvent pas entrer seuls. Mais moi, je suis toujours un enfant seul, puisque ma mère travaille aux heures où je n'ai pas d'école et que mon père est en Angleterre. Alors je ne pourrais jamais assister à ces enregistrements sous prétexte que mes parents ne m'accompagnent pas ? Moi qui serai un jour un grand violoncelliste ? Allons donc ! Je me suis débrouillé.

J'ai d'abord demandé à maman qu'elle y aille

trois mardis de suite où elle avait relâche. Mon violoncelle sur le dos afin de ne pas passer inaperçu, je me suis arrangé pour être remarqué par le portier.

Le troisième mardi, il pleuvait. Cela m'a permis d'engager la conversation. Depuis, j'ai appris qu'il s'appelle Léonard. Il est gentil, Léonard ! Je n'ai plus besoin d'être accompagné. Je ne vais même plus retirer le carton d'invitation dans le hall. Maman m'a confié à Léonard et j'assiste à tous les enregistrements qui me plaisent.

De temps en temps, j'y vais encore avec mon violoncelle sur le dos pour bien montrer que je serai un grand violoncelliste. Ça fait sourire Léonard.

Au début de chaque mois, grâce au dépliant, je sais à l'avance ce que j'entendrai. Je fais mes devoirs la veille pour être libre et je dis à maman à quelle heure je rentrerai. Un modèle de garçon organisé ! Que voulez-vous, la musique est à ce prix. Pour être tout à fait honnête, je dois ajouter qu'il m'arrive d'expédier un devoir et que j'oublie quelquefois de prévenir maman.

J'aime bien aussi aller chez des garçons de ma classe, surtout chez Yann, qui étudie le piano. Nous jouons ensemble. C'est un bon camarade, mais il a souvent de drôles d'idées et il se met dans des situations impossibles. Surtout avec madame Delanoy, le professeur d'allemand. Entre eux, ça ne marche pas très fort. Et, comme elle sait que Yann et moi, nous

nous entendons bien, entre madame Delanoy et moi, ça ne marche pas toujours très fort non plus.

Mais j'aime surtout mon copain-violoncelle. J'aime sa forme, son bois lisse et verni, si sec, si fragile que, chaque fois que je le cogne, même légèrement, je retiens mon souffle. Il a une belle couleur un peu rousse, un peu brune, chaude. Les jours où nous nous sommes bien entendus, je le garde un moment dans mes bras, en silence. J'essaie de me raconter la vie qu'il a eue avant d'être avec moi. Il était un grand arbre dans la montagne, un grand mélèze. Sûrement le plus beau de la forêt. Un soir de pleine lune, un homme l'a choisi. Il fallait toute cette beauté pour que le luthier soit content. Mon violoncelle n'est pas ancien, il n'a pas une grande valeur. Mais je veux imaginer qu'on a abattu le mélèze à la hache. La montagne était remplie des coups qu'il recevait. Le bûcheron, avant de l'attaquer, lui a expliqué que son bois allait se faire musique. Et le mélèze a accepté.

Je pensais à lui en marchant dans l'île aux Cygnes. Les marronniers, les tilleuls et d'autres arbres dont je ne sais pas le nom mélangeaient leurs branches comme dans une forêt. La Maison de la Radio est de l'autre côté de l'eau. On dirait un gros camembert posé au bord de la Seine. Quelle

bonne idée maman a eue de venir habiter près d'elle ! Eh bien, je ne savais pas ce qui m'y attendait, ce matin ! Il y a des jours qui vous réservent un coup de massue sans vous prévenir. Pas le plus petit pressentiment, pas la moindre interrogation.

Je me suis levé du pied gauche, mais c'est comme toujours, à cause de la disposition de mon lit.

Le chocolat avait son goût de chocolat de tous les matins.

Maman n'avait même plus son air préoccupé.

Je savais particulièrement bien mon interrogation écrite sur la vie quotidienne des Romains au IIe siècle après Jésus Christ.

J'ai eu en solfège un 15 qui remonte ma moyenne.

Bref, tout allait bien ou à peu près bien.

Et on était un mercredi !

Je dis tout cela pour essayer d'oublier un moment ce qui vient de me tomber sur la tête. Je n'y arrive pas. C'est plus fort que moi. J'ai beau m'obliger à penser à autre chose, impossible. Je me revois lorsque je suis entré dans le hall. J'ai pris un dépliant sur la pile, je me suis assis près de la paroi vitrée... Soudain, un nom m'a sauté aux yeux : John SMITH.

Mon cœur s'est mis à battre très fort et ma vue s'est brouillée. Depuis, il me vient parfois une sorte de doute. Ai-je bien lu ? Il n'y a pas de doute, j'ai bien lu ...

Maman n'était pas là quand je suis rentré et j'en ai été soulagé. Elle aurait vu à mon visage que j'avais quelque chose qui n'allait pas. J'aurais pu lui dire : « Maman ! Regarde ! Papa vient jouer ! »

Mais je n'ai jamais dit « papa » à la maison.

Et est-ce que ce John Smith est mon père ?

Et est-ce qu'elle aurait été contente que je lui dise cela ?

Je n'ai rien dit. Maintenant, je comprends son air absent. Je devine pourquoi, depuis trois ou quatre jours, elle ne m'écoute pas quand je lui parle et pourquoi elle me pose une question distraite pour faire semblant de s'intéresser à ce que je lui raconte. Elle sait. Plus je réfléchis, plus je pense

que son attitude est une preuve. John Smith est sûrement mon père.

J'ai caché le dépliant dans le livre de mathématiques, comme je garde la maison d'Angleterre dans l'album de contes. Peut-être que je me trompe. Peut-être que je me monte la tête et que je rêve. J'ai peur que ce ne soit pas vrai, qu'on m'apprenne que John Smith a soixante-quinze ans, ou vingt et un.

Et j'ai peur aussi que ce soit vrai.

Ce soir, j'avais hâte que maman parte au Français. Je l'avoue. Je me suis plongé dans la lecture d'une bande dessinée que je connais par cœur et ainsi je n'ai pas eu à parler.

– Tu n'as pas faim, Jeremy ?

– Pas trop, non.

– Qu'est-ce que tu as ? Tu es malade ?

– Non ! J'ai une leçon d'allemand pour demain. Je n'y comprends rien.

Il m'a semblé que maman partait plus tôt que d'habitude. Elle avait l'air pressé.

– Tu pars déjà ?

– Oui. Il faut que j'arrive à l'avance.

Elle ne m'a pas regardé ; puis, comme elle s'est aperçue que je la regardais, elle a ajouté :

– Je dois repasser une guimpe et trois jupons. Je n'ai pas eu le temps, hier.

Je n'ai rien dit. Elle s'agitait vraiment beaucoup en m'expliquant cela. Je me demande même si elle n'a pas un peu rougi. Je suis persuadé qu'elle a peur d'entendre la question qu'elle sent planer entre nous. Au moment de m'embrasser, elle a cru devoir se justifier encore :

– Tu n'imagines pas comme c'est difficile, ces jupons d'autrefois ! Il ne faut pas que le fer soit trop chaud !

Ses yeux ont rencontré les miens et j'ai été sûr qu'elle me cachait quelque chose.

Mais alors... ce John Smith serait bien mon père !

J'ai laissé le violoncelle dans un coin. Je sais bien que les notes ne viendraient pas docilement sous l'archet aujourd'hui, et que toutes les menaces de le donner à Marie de Neubourg n'y changeraient rien. J'ai ouvert la fenêtre. Il fait très beau, très doux, très calme. La Seine est luisante. Sur la voie de berge, les voitures roulent vite et dessinent une traînée de lumières. L'allée des Cygnes est noire. De loin en loin, quelques réverbères dans le feuillage. J'aimerais, sous la statue de la Liberté, à l'endroit où poussent des saules, tout seul, dans l'obscurité, jouer du violoncelle au centre de l'espace arrondi qui coupe le fleuve en deux. Je jouerais *Le cygne* de Saint-Saëns, et de vrais cygnes viendraient de je ne

sais où. Ils glisseraient sur l'eau, ils ouvriraient leurs ailes à demi, blancs, très blancs, et Paris serait vide.

Je ne saurai jamais ma leçon d'allemand.

Et il n'a pas demandé à me voir ?

L'idée me traverse, elle me fait mal. Maman ne me dit rien de lui, et mon père vient à Paris sans me prévenir. Comme si je n'existais pas ! Qu'il soit remarié, qu'il ait d'autres enfants, je veux bien, puisque c'est la vie. Mais oublier à ce point qu'il a aussi un fils, non, ce n'est pas possible, sinon à quoi bon m'être fabriqué un père si différent de la réalité ? Qu'il aime d'autres personnes, d'accord, mais qu'il m'aime aussi !

Ce John Smith n'est pas mon père.

Tout de suite, un mouvement en moi proteste. Au fond, j'ai envie qu'il soit mon père. S'il l'est, quelque chose va se passer. Il ne peut pas en être autrement. Je n'ai qu'à attendre. Mais qu'est-ce que je vais faire, moi ?

Ce qui est sûr, c'est que, coûte que coûte, j'assisterai au concert. Sans prévenir personne. Après, on verra.

Heureusement qu'une énorme préoccupation me tire de ces pensées. Le mardi, j'ai un cours de solfège jusqu'à 18 heures et l'émission débute à 18 h 30. Je risque d'arriver en retard. Léonard est très gentil, mais quand l'enregistrement est commencé, plus question d'entrer dans la salle.

Et maman a relâche, comme tous les mardis. Il me faudra carrément lui mentir. Tant pis. Ce n'est pas moi qui vais parler le premier de mon père, puisqu'elle a décidé de ne pas m'avertir. Je lui dirai que je vais étudier une partition chez Yann. Je n'aime pas mentir, mais, cette fois, j'y suis bien obligé. Ça m'embête, tout de même. Je pourrais lui dire que je vais à la Maison de la Radio. Cela m'est déjà arrivé d'y aller un mardi.

Oui, mais si elle est au courant ? Si elle est dans la salle...

Je ne saurai pas ma leçon d'allemand.

3

Deuxième sous-sol

En arrivant au lycée ce matin, j'ai appris que le professeur de solfège serait absent le 4 mai. Oh ! bonheur inespéré ! Un prof qui, d'habitude, ne manque jamais ! Pourvu, pourvu qu'il ne guérisse pas trop vite s'il est malade !

L'enregistrement est pour demain. J'ai failli tout dire à maman. Elle a fini par s'apercevoir que je n'étais pas dans mon assiette. Je n'en pouvais plus de garder le secret. Il m'étouffait.

– On dirait que quelque chose te tracasse. À quoi penses-tu, Jeremy ?

– À rien.

Il m'a semblé qu'elle faisait un effort pour me dire :

– Si tu avais un problème, tu m'en parlerais ?
– Oui.
– Et tu n'en as pas ?
– Non.

Elle a paru rassurée. Il est évident pourtant que nous ne sommes sincères ni l'un ni l'autre. Pour moi, je le sais. Mais elle ?

– Maman...

Elle était en train de recoudre un bouton au col d'une chemise. Le ton de mon appel l'a fait sursauter. Elle s'est piquée au doigt. Elle a sucé la goutte de sang. On aurait dit une petite fille malheureuse. J'ai vu à son air qu'il ne fallait pas que je parle.

– Demain, le prof de solfège est absent. J'irai chez Yann, tu veux, pour...

– Justement, je rentrerai plus tard demain !

Je l'ai fixée, bouche bée. Je ne m'attendais pas à cela. J'aurais dû cependant.

– Eh bien, ne fais pas cette tête !

Elle s'est ressaisie. Je savais qu'elle ne me dirait pas pourquoi elle sortait. En d'autres temps, je lui aurais posé la question. Peut-être, pour montrer sa liberté et son autorité, elle m'aurait répondu alors : « Faut-il que je te rende des comptes ? »

Mais c'est parce que les comptes auraient été faciles à rendre. Pas cette fois. Je l'aurais forcée à mentir, et je ne le voulais pas. Et je ne veux pas non plus savoir trop tôt ce qui va arriver. Si ce n'est qu'un rêve, autant qu'il dure un jour de plus.

Le professeur de solfège sera absent, c'est le super coup de chance, et moi, bêtement, j'ai failli tout compromettre. Le surveillant nous a dit cent fois, parce que nous chahutions : « Il y en a qui pourraient rester en colle au lieu de sortir une heure plus tôt demain. »

Le pauvre, il fait feu de tout bois pour nous obliger à nous tenir tranquilles.

N'empêche que, s'il veut nous coller, il le peut.

Et ma leçon d'allemand que je ne savais pas ! Nous autres, élèves des classes musicales, nous avons un emploi du temps si chargé que les professeurs n'arrivent pas à nous coller. Si Delanoy apprenait que demain elle a la possibilité de nous envoyer en retenue, comme elle dit, elle ne s'en priverait pas.

Pendant la leçon de travail manuel, j'ai essayé d'apprendre ce diable de texte qui ne voulait pas m'entrer dans la tête. Comme nous avions une séance de cuisine, nous sommes descendus au premier sous-sol où se trouve la salle spécialisée. Nous devions préparer une crème pâtissière.

Je ne sais toujours pas comment se prépare une crème pâtissière.

Tandis que la prof avait l'œil sur les six cuisinières où bouillait le lait, j'ai laissé Bénédicte Charlieu, Claire Marain et Yann se battre avec la recette. J'ai étudié le texte d'allemand. Je regrettais de ne pas cuisiner, parce que j'aime ça. Au moment de la présentation du plat, j'ai posé mon livre sur le réfrigérateur pendant que le professeur jugeait notre œuvre un peu trop épaisse, pas très bien liée et trop sucrée. Après, il a fallu laver la vaisselle, nettoyer les tables, ranger. Je savais à peu près ma leçon, j'ai astiqué, essuyé avec une belle ardeur, et j'ai oublié mon livre.

Je m'en suis aperçu dans la cour, au début de la récréation.

– Yann, tu viens avec moi ? J'ai oublié mon livre d'allemand en cuisine.

La prof était encore dans sa classe. Tout se serait bien terminé si Yann, en passant devant une porte ouverte, n'avait eu une de ces idées qui lui viennent parfois et le mettent dans des situations impossibles.

– Regarde, Jeremy, c'est l'entrée du deuxième sous-sol !

Yann adore les souterrains, les catacombes, les

cavernes et les gouffres. Il lit deux romans d'aventure par semaine.

– On y va ?

Il a insisté.

– Allons-y ! C'est sûrement formidable !

Et, pour emporter ma dernière résistance :

– On n'y restera pas longtemps.

À certains moments, je ne suis pas assez ferme avec Yann. Il était déjà dans l'escalier, prêt à

découvrir un trésor, des poissons fossiles dans un lac qui n'a jamais vu la lumière, un squelette adossé à une muraille suintante. L'électricité allumée dans la galerie enlevait pourtant presque tout le mystère. Nous avons vu des caves fermées et d'autres ouvertes. Dans des pièces obscures des bancs d'école étaient entassés, des planches, des caisses.

– Regarde ! m'a soufflé triomphalement Yann.

Et le noir complet s'est produit. Nous avons

entendu la porte se fermer, loin, très loin derrière nous, puis la clé tourner dans la serrure.

Yann a posé cette question, que je trouvais aussi inutile que tardive :

– Qu'est-ce qu'on fait ?

C'était bien de Yann, ça ! Il vous lance dans une bêtise colossale, et puis il vous demande de la réparer. Et s'il propose une solution, elle est idiote.

– Il faut appeler, frapper à la porte.

– Tu es fou !

– Je ne veux pas rester ici. On va nous chercher partout !

– Et moi, je n'ai pas envie d'être collé.

– Bof ! Pour une colle !...

Je ne pouvais pas le foudroyer du regard puisque nous étions dans l'obscurité.

J'ai pris ma voix la plus calme, la plus décidée et j'ai articulé :

– Pas question ! Aujourd'hui, je ne peux pas être collé, tu m'entends ? Je ne dois pas. On va trouver le moyen de sortir de là.

Pour bien lui montrer que je ne plaisantais pas, j'ai ajouté :

– Si tu fais l'imbécile, si à cause de toi je suis collé, je ne serai plus ton copain.

Le ton a dû l'impressionner, car il n'a plus parlé

de tambouriner contre la porte. À tâtons, nous avons cherché l'interrupteur. Mon Dieu, que cela m'a paru long ! Du bout des doigts, je balayais la surface rugueuse du mur. Des gouttes de sueur ruisselaient sur mes joues, provoquées plus par la peur que par la chaleur, et je les essuyais en sentant sous mes yeux la râpe de la poussière que j'étalais. Cela ressemblait à un mauvais rêve que je fais souvent, si mauvais, si pénible que je me réveille en sursaut. Et voila que, cette fois, je ne rêvais pas.

Soudain, j'ai touché un tube qui descendait verticalement. J'ai compris que l'interrupteur était au bout. Il y était.

La lumière m'a ébloui. Yann avait disparu. Le frisson qui m'a saisi n'avait rien d'agréable. La peur des hardis découvreurs de cavernes n'est plaisante que pour ceux qui lisent leurs aventures. Au naturel, c'est une autre chanson.

Un coup d'œil à ma montre m'a indiqué que, dans cinq minutes au plus, la récréation serait terminée. Dans un peu plus de cinq minutes, madame Delanoy, du bout de son majeur posé entre les deux verres, remonterait les lunettes sur son nez et dirait : « Voyons, qui est absent aujourd'hui ? »

Et personne ne comprendrait pourquoi Yann et moi ne serions pas présents. La catastrophe ! La catastrophe à éviter coûte que coûte.

Il est arrivé, l'auteur génial de cette catastrophe, barbouillé de noir et près de s'évanouir. Ma parole, il avait pleuré. Soyons charitable, c'était sans doute de la sueur. Pour tout dire, j'avais la frousse autant que lui et, si je n'avais pas dû à tout prix rencontrer mon père, j'aurais craqué moi aussi.

Nous avons marché le long de la galerie. J'ai reconnu le plan en fer à cheval du lycée. Sur le côté gauche, le mur était percé de portes, toutes fermées. À droite, de loin en loin, s'ouvrait l'entrée de salles vides, noyées dans l'ombre.

Dans une de ces salles tombait un jour gris. À vrai dire, plutôt qu'une salle, c'était une sorte de puits qui faisait communiquer les deux niveaux du sous-sol. J'ai senti tout de suite que nous étions sauvés si nous parvenions à nous hisser au niveau supérieur. Nous trouverions une sortie, puisque c'est là que sont la chaufferie et l'atelier des menuisiers. Les gens y circulent régulièrement.

– Et si la porte est fermée à clé ? a dit Yann, toujours rabat-joie.

– Il faut tenter le tout pour le tout.

Trois bancs, posés l'un sur l'autre, nous ont donné la hauteur suffisante. Moi qui n'ai jamais fait d'étincelles en éducation physique, j'ai réussi cette fois un rétablissement qui aurait épaté Tarzan lui-même. D'un coup de reins, j'ai roulé sur la plate-forme qui marquait l'étage du dessus.

La porte n'était pas fermée à clé. Je sais bien que nous sommes dans une aile où les élèves ne vont jamais, mais tout de même, laisser cette porte non fermée à double tour, alors qu'elle ouvre pratiquement sur un puits, il y a là une belle négligence. Je m'en plaindrai à qui de droit !

– Yann, viens vite !

Déjà, il escaladait les bancs. En principe, il est plus doué que moi pour les sports ; il n'aurait pas dû poser de problème.

– Va éteindre la lumière !

– Tu es fou ! Je n'y verrai plus rien !

– Le commutateur est à l'entrée de la salle. Vas-y, je te dis !

Quand j'ai entendu la dégringolade des bancs dans l'obscurité, j'ai su que Yann avait à moitié raté son escalade. Ses mains s'agrippaient à la plate-forme.

– Je... vais lâcher...

– Tiens bon ! Je t'aide !

Je l'ai empoigné par son blouson. Je l'ai attrapé par la tête et j'ai tiré. Je l'ai pris sous les bras et il a menacé de m'entraîner avec lui dans les

profondeurs qu'à aucun prix nous ne voulions rejoindre. Enfin, je l'ai saisi par la ceinture de son pantalon et, prenant appui de la poitrine sur le bord, il a pu grimper.

Au même moment, la sonnerie de la fin de la récréation a retenti. Nous avons ouvert la porte, couru dans l'escalier jusqu'au rez-de-chaussée, jusqu'au premier étage, jusqu'au second, jusqu'au troisième. Quand nous sommes arrivés devant la salle d'allemand, les derniers élèves s'asseyaient à leur place.

– D'où sortez-vous? a demandé madame Delanoy.

– Nous... nous avons aidé un professeur à déménager une armoire.

Nos vêtements salis, nos figures barbouillées laissèrent madame Delanoy perplexe. Quelle était donc cette armoire si poussiéreuse que nous avions déménagée ? Raoûl Taubier, sentant qu'il y avait dans l'air de la distraction dont il ne paierait pas les frais, ricanait stupidement. Moi, je souriais, le plus gentiment du monde, pour amadouer madame Delanoy et, dans ma pensée, je me répétais : « Tu as laissé le livre d'allemand au deuxième sous-sol ! »

Je me suis assis, tout sale et tout noir, à côté de Bénédicte Charlieu, toute rose et toute fraîche, avec son beau cardigan bleu pâle et sa jolie médaille d'or, et j'ai continué à sourire en me demandant ce que j'allais faire lorsqu'il faudrait ouvrir le livre à la page 43.

– M. Smith, venez me réciter le texte que vous aviez à apprendre par cœur pour aujourd'hui.

Je suis allé au tableau, la tête vide. J'étais si fatigué brusquement ! Je ne me souvenais plus du début. J'ai bredouillé :

– Euh !...

Tout le monde s'est esclaffé. Madame Delanoy a remonté ses lunettes d'un coup de majeur bien appliqué, et Bénédicte Charlieu, de loin, m'a soufflé en articulant exagérément et silencieusement :

– Der Markplatz zu Bremen...

Le reste m'est revenu à l'esprit. Que voulez-vous, la crème pâtissière n'avait pas eu le temps de refroidir. Mon texte non plus. Pourtant, quelle aventure depuis le moment où je l'avais appris !

Quand je suis retourné à ma place avec un 13, j'étais épuisé. Mes mains étaient moites, et ma jambe gauche tremblait, tremblait... Impossible de l'arrêter. J'ai fait un petit signe à Bénédicte Charlieu. C'est une chic fille. Demain, je lui apporterai un chewing-gum.

4

Le grand duo

Quels efforts j'ai faits pendant toute la matinée pour être calme ! Je ne répondais pas quand mon voisin de table me parlait. J'ai écouté les leçons comme jamais encore je ne les avais écoutées. Je n'ai pas levé une seule fois le nez de mon livre quand il fallait suivre la lecture d'un texte. Je n'ai pas bougé un pied, à peine un cil. Je me suis creusé la cervelle pour en extraire des réponses intelligentes (pertinentes, comme dirait le professeur de français) quand j'étais interrogé. C'est épuisant d'être un bon élève ! L'après-midi, je me suis montré le violoncelliste le plus appliqué du monde. À cinq heures, je suis passé en trombe devant la loge du concierge, mon cartable sur le dos.

– Vous êtes bien pressé, jeune homme, m'a dit avec un calme glacé le principal adjoint. On ne doit pas courir. Mettez-vous là.

Je me suis retrouvé dans un coin du hall à regarder défiler ceux qui s'en allaient. Il en est sorti des centaines. Pas de chance ! C'était la première fois de l'année que je voyais le principal adjoint à cet endroit à cinq heures. Je savais que, tant qu'il y aurait un élève dans le lycée, je resterais cloué là, et je trépignais mentalement. Des grandes filles passaient en riant et en parlant fort. On peut dire qu'elles prenaient leur temps ! Je les aurais pilées ! Des garçons sont venus ensuite. Vous croyez qu'ils se seraient dépêchés ? Pensez donc !

– Allez ! m'a fait signe enfin le principal adjoint.

Je n'ai respiré vraiment qu'après avoir traversé le boulevard. Le petit bonhomme vert a mis un temps fou pour s'allumer.

Malgré mes malheurs, je suis arrivé à la Maison de la Radio avec beaucoup d'avance. Déjà, le public commençait à faire la queue en vue d'obtenir l'indispensable carton dont je me dispense. La file s'allongeait de minute en minute. Tous ces gens venaient voir mon père !

Et si Léonard n'était pas à la porte ? Un doute angoissant s'est abattu sur moi. Un rhume s'attrape vite, une jambe se casse, paf ! comme un rien. Un neveu débarque de Bretagne. Un jour de congé se prend plus tôt que prévu.

Et tout cela fait qu'un fils ne retrouve pas son père.

– Salut, petit ! Tu n'es pas en retard !

Je l'aurais embrassé ! Il se tenait, aussi large que haut, devant la porte vitrée, et son œil, sans en donner l'impression, voyait le moindre détail.

– Bonjour, Léonard. Schubert, c'est bien à dix-huit heures trente ?

– Si nous n'avons pas d'alerte à la bombe.

– Quoi ?

– Hier, nous avons reçu un coup de téléphone nous prévenant que la Maison allait sauter. On a fouillé partout. Ce qui a sauté, c'est la musique du XIIIe siècle.

– Oh non !

J'ai poussé un gémissement. Encore une heure d'angoisse en perspective.

– Te fais pas de bile ! Des mauvais plaisants, il n'y en a pas tous les jours.

– Vous serez là ?

– Où veux-tu que je sois ? Bien sûr que je serai là !

Je n'ai pas voulu m'éloigner. Au cours de l'attente, il m'arrivait d'oublier que j'allais rencontrer mon père, et puis l'idée me revenait et mon cœur battait à grands coups de cymbales. Je craignais de voir arriver maman. Au début, j'étais seul, visible comme un cafard sur une nappe blanche. Peu à peu, les spectateurs se sont regroupés en une queue confuse. à mesure que je pouvais me fondre en eux, je me sentais plus rassuré. De mon poste d'observation, j'avais vue sur tout le public.

Maman n'est pas venue.

Dans la salle, je me suis assis à ma place habituelle, à mi-hauteur des gradins et face au clavier du piano. J'aime voir le jeu des doigts sur le clavier. Un pupitre à musique marquait la place du violoniste. De ma vie, je n'avais regardé aussi intensément un pupitre à musique. à droite, sous la loge vitrée des techniciens du son, la pendule jouait avec les points lumineux de ses secondes et les bâtonnets de ses minutes. Les points rouges couraient en une ronde autour du cadran. Soixante points qui s'égrenaient gaiement, et puis un chiffre se transformait, et les points recommençaient leur ronde. Le temps grignoté qui va, qui va... Je trouvais d'abord qu'il allait trop lentement et puis, quand le cadran a annoncé dix-huit heures vingt-cinq, tout un orchestre de cymbales s'est mis à retentir dans ma

poitrine. Je me demandais si mes voisins n'entendaient pas mon cœur cogner.

Je savais qu'il apparaîtrait par la porte de gauche. Mes yeux allaient du cadran au pupitre, du pupitre à la porte. Je voulais tout voir à la fois.

Vingt-sept.

D'habitude, la voix de la présentatrice résume en quelques mots la carrière des artistes avant leur entrée.

Vingt-huit.

Mon cartable me gêne. Je ne sais pas où mettre mes pieds.

Vingt-neuf.

Ce sera peut-être Miroslav Petrov qui franchira la porte le premier.

Trente.

« Mesdames et messieurs, nous avons le plaisir d'accueillir aujourd'hui les interprètes de deux œuvres de Schubert. Nous entendrons successivement la Sonatine en *ré* majeur, opus 137 n° 1 et le Grand duo pour violon et piano en *la* majeur, opus 162. Au piano Miroslav Petrov. Violon, pour la première fois en France, John Smith. »

Ça y est ! La porte bouge, s'ouvre. Une silhouette. Je ne vois d'abord que la main serrant le violon. Trois ou quatre points rouges ont sauté sans doute sur le cadran avant que je ne distingue son visage.

Il a l'âge d'être mon père. Il est grand, brun. Il vient vers nous. Les applaudissements de bienvenue crépitent. Il salue avec ce regard posé sur personne

qu'ont les gens de scène quand ils saluent. Mes yeux doivent être des aimants. Ce n'est pas possible qu'ils n'accrochent pas les siens.

Je ne me rends compte qu'à ce moment-là de la présence de Miroslav Petrov. Il est plus petit, blond, le visage couvert de tâches de rousseur. Papa, lui, n'en a pas une. Pour un peu, je ressemblerais plutôt à Miroslav Petrov !

Papa. Je l'appelle papa dans ma tête. Je voudrais tant qu'il le soit !

Il a joué divinement. Aussi divinement que dans mon rêve de la maison du Lancashire. Un grand artiste ! Est-ce au prix de l'oubli de sa famille qu'il est arrivé à cette expression ? Il a fallu peut-être que maman et moi nous disparaissions de sa vie pour qu'il se consacre complètement à la musique. Moi, plus tard, je serai un grand violoncelliste, et j'aurai six enfants, et je ne les abandonnerai pas.

Il ne porte pas d'alliance, mais ça ne prouve rien. Miroslav Petrov n'en porte pas non plus.

Dans le grand duo il a donné toute sa force et sa sensibilité. Quel bonheur de l'entendre ! Papa, même si je ne dois plus te revoir, nous aurons, sans que tu le saches, ce souvenir en commun, ce duo de Schubert dans lequel tu as été merveilleux. Car tu te souviendras sûrement de ta première interprétation en France.

Si tu es mon père, il est impossible que tu n'aies pas pensé à moi en arrivant à Paris. Peut-être m'as-tu dédié ce duo, au fond de ton cœur, sans me le dire, parce que tu n'as pas osé revenir en arrière. Et tu ne sais pas que je l'ai entendu.

J'étais pris par la musique et, en même temps, je remuais tout cela dans ma tête. Est-ce qu'un lien ne s'est pas tissé de moi à lui pendant qu'il jouait ?

Ne l'a-t-il pas senti ?

Il s'est incliné sous les applaudissements. Il a souri. J'aurais tant voulu accrocher son regard ! Il est parti. On les a rappelés. Ils sont revenus. Ils ont salué encore. Deux fois. Trois fois. Ils sont partis de nouveau.

Les projecteurs se sont éteints.

Et ils ne sont plus revenus.

J'ai réalisé alors que rien ne s'était passé. Ce moment pour lequel, depuis plusieurs jours, je vivais comme un somnambule, était fini. John Smith venait de disparaître derrière une porte. Déjà je ne l'appelais plus papa. Il n'avait rien su de ma présence. Après tout, je ne lui trouvais pas une ressemblance frappante avec moi.

Dans mes moments d'exaltation, j'avais imaginé des retrouvailles publiques. Il s'approchait de moi, très vite, après une hésitation, ou bien il me faisait un signe. Rien de tout cela ne s'est produit. La musique le tenait enfermé en lui-même. Je revois

maintenant les doigts de sa main gauche frappés de lumière. Ils se posaient, légers, le temps de cueillir une note, sautaient sur une autre corde qu'ils pressaient avec autorité, et de cette main vibrante sortait la musique.

J'ai marché le long de l'allée des Cygnes. La soirée de mai tournait à la pluie. Une averse avait laissé des flaques au creux des dalles. Les feuillages mouillés sentaient bon. Je marchais. Je n'étais pas triste, non. Enfin, pas trop. J'essayais de fixer dans ma mémoire le visage de John Smith.

Si seulement il avait dit quelques mots ! Si j'avais pu entendre sa voix, j'aurais eu un autre contact avec lui.

D'habitude, lorsque les artistes ont beaucoup de succès, ils ajoutent un morceau à leur programme. Pas eux. Ils avaient tout donné dans les deux œuvres de Schubert, et le public l'a compris. Ni l'un ni l'autre n'a donc annoncé de nouveau titre, et ils ont remercié en s'inclinant.

Papa-fantôme habillé de musique. John Smith silencieux.

J'ai eu toute la longueur de l'île pour apprendre à accepter ma déception. Il me semblait que j'étais abandonné une seconde fois.

« Qu'est-ce que tu imaginais, Jeremy Smith ? Tu

croyais que ton père allait sauter dans les gradins en t'apercevant ? Qu'il allait crier : Jeremy !... »

Eh bien, oui, je le croyais. Presque. Je ne sais pas. Je ne sais plus ce que je croyais.

J'ai gravi l'escalier jusqu'à notre sixième en me répétant qu'il fallait que maman n'en sache rien. Je ne voulais pas m'expliquer. Cette histoire, je la garderais pour moi. Peut-être que je l'écrirais dans un cahier pour ne pas oublier des détails. Parce que je ne veux pas l'oublier. Oui, c'est cela, je l'écrirai et je la rangerai avec la photo du Lancashire.

Quand je suis arrivé à la porte, personne n'aurait pu deviner ce qui me tourmentait. La porte était fermée à clé. Tant mieux ! Quand maman reviendrait, j'aurais le nez plongé dans une bande dessinée. Pas de devoirs un mardi soir, c'est la règle. Ma mère n'en croirait pas ses yeux si elle me voyait en train de travailler, et elle comprendrait.

Sur la table de la cuisine, un papier.

« Mon chéri, je rentrerai tard. Ne t'inquiète pas, tout va bien. Pour dîner, tu as des tranches de rôti et de la macédoine. Ne m'attends pas. Couche-toi gentiment. Je t'expliquerai. Je t'embrasse très fort. »

J'ai lu le billet trois fois. Quand elle n'est pas à son travail, maman ne me laisse jamais seul le soir. C'est le premier mardi que cela lui arrive. Elle le savait puisqu'elle m'a vaguement prévenu. Aujourd'hui, elle ne m'en a rien dit. Pourquoi ?

Arrête de trembler comme ça, imbécile. Tu ne pourras plus lire !

Pourquoi ?

Je suis allé dans ma chambre pour réfléchir. Une réponse à ce pourquoi me venait, celle que je souhaitais lui donner. Et je relisais le billet pour arracher aux lignes, à la boucle de certaines lettres un peu trop hâtivement tracées, le sens caché des mots. C'était peut-être une joie prudente qui avait retenu maman à l'instant de me dire la vérité. Tout cela était tellement inattendu !

Ils se sont donné rendez-vous pour s'expliquer après dix ans de séparation. Ça ne doit pas être facile de se retrouver au bout de tout ce temps. Papa voulait se consacrer d'abord à son enregistrement. C'est normal. La vie privée est une chose, la vie professionnelle en est une autre. Ils ont décidé de m'en parler après.

Et s'il venait demain ? « Je t'expliquerai. » Que va-t-elle m'expliquer ? Elle ne le sait sans doute pas elle-même. Tout dépendra de ce qu'ils se diront ce soir.

Peu à peu, je me laissais envahir par la conviction qu'il allait revenir définitivement. Aussitôt, je rejetais cette pensée.

Là, tu demandes trop, Jeremy. Il a sa carrière, une femme, des enfants. Contente-toi de le voir de temps en temps, de savoir que tu as un vrai père, et pas seulement un papa-fantôme.

Maintenant, j'étais sûr qu'au même moment ils étaient ensemble. Je n'arrivais pas à les imaginer, mais j'étais sûr. « Je t'expliquerai... Je t'expliquerai. » La nuit tombait. Je n'avais pas allumé. La Seine luisait sous les lumières. L'île se faisait noire entre les éclaboussures des réverbères. Et moi, j'étais rempli d'une joie un peu triste, bonne, bonne à garder. J'attendais. Par moments, j'avais une grosse envie de pleurer.

Mon copain-violoncelle attendait, lui aussi, dans le coin que je lui ai réservé. Je suis allé le chercher. Nous avons attendu ensemble. J'ai joué *Le cygne* de Saint-Saëns. Je le connais par cœur. Je crois que je l'ai bien joué, sans me vanter. Cela faisait un drôle d'effet, cette musique douce, grave, mystérieuse qui remplissait la pénombre de la chambre et s'en allait par la fenêtre ouverte.

Sa douceur est passée en moi. Quand j'ai reposé l'archet, je me sentais différent. J'étais maintenant capable d'attendre dans le calme. Je me suis accoudé à la fenêtre.

Sur la Seine, au bord de l'île, dans le faisceau lumineux qui tombait d'un réverbère, deux cygnes se tenaient.

« Je t'expliquerai... Je t'expliquerai... Je t'expliquerai... »

5

L'allée des Cygnes

Je m'étais juré d'attendre son retour, et puis, vers onze heures, j'ai commencé à avoir sommeil. J'ai lu trois bandes dessinées. J'ai regardé à la télévision une émission sur Léon Tolstoï à Iasnaïa Poliana. Je me souviens encore du nom de la maison et pourtant j'avais l'esprit ailleurs. J'ai bâillé. J'ai trouvé le temps long.

À minuit, j'ai décidé de me coucher en me disant que je serais aussi bien dans mon lit pour attendre.

Quand j'ai rouvert les yeux, j'ai tout de suite remarqué qu'on avait tiré les rideaux. Et c'était le plein jour ! J'ai sauté du lit comme quelqu'un qui n'a pas entendu le réveil sonner.

« Il n'est pas là ! »

Une cuillère a heurté un bol dans la cuisine. L'odeur du café venait jusqu'à moi. Maman était seule. Elle portait la robe de chambre bleue de tous les matins. Elle avait comme toujours sa mèche de cheveux qui retombait sur l'œil droit et elle versait le café dans son bol.

– Bonjour, Jeremy.

– Tu es seule ?

– Ben !... Avec qui veux-tu que je sois ?

– Je croyais... avoir entendu parler.

Elle a fait les yeux tout ronds et elle m'a souri. Un drôle de sourire. Moi, je restais planté, bêtement déçu.

– Dépêche-toi de boire ton chocolat.

– Pourquoi ?

– Pourquoi quoi ?

– Pourquoi me dépêcher ? C'est mercredi.

La conversation démarrait mal. Le mercredi est le seul jour où, justement, nous ne nous dépêchons pas.

– Eh bien... parce que... parce qu'il va être froid !

Elle souriait toujours, avec son air embarrassé, et moi, je restais sur ma déception.

– Parce qu'il faut que je te parle.

Elle a dit ça comme on se jette à l'eau. Ma déception s'est envolée. Pauvre maman, elle avait l'air si mal à l'aise ! Il me fallait l'aider.

– Le petit mot d'hier ?

Elle a fait oui de la tête, et sa mèche en a profité pour lui cacher complètement l'œil droit.

– Dis vite !

Elle a ouvert la bouche. Elle allait parler et elle n'a rien dit. Tout à coup, elle a semblé s'apercevoir qu'il n'y avait pas de sucre dans son café. Elle a pris un morceau dans le sucrier avec un soin extrême. On aurait cru qu'elle manipulait un explosif. Et puis, elle a tourné la cuillère dans le bol, indéfiniment. J'attendais. Je n'en pouvais plus d'attendre.

– M'man, je sais de quoi il s'agit.

La main qui relevait la mèche s'est arrêtée à mi-course. Mon air assuré a fini par décontenancer maman.

– J'étais sûre que tu t'en doutais un peu.

C'est long à boire, trois gorgées de café. Elle a pris son temps. Moi, devant mon bol de chocolat, je trouvais que les grandes personnes manquent de simplicité. Elle allait m'annoncer que j'avais retrouvé mon père et elle ne savait comment s'y prendre alors que je recommençais à devenir tellement heureux au fond de moi et que toutes les cymbales se remettaient à éclater.

– J'ai attendu que ce soit vraiment décidé pour t'en parler. Tu verras, c'est un homme très bon. Vous vous entendrez bien, tous les deux.

– Je me demande pourquoi on ne s'entendrait pas !

Elle était émue aux larmes. Sa main est venue, par-dessus les tartines et le beurrier, se poser sur la mienne.

– Mon chéri !...

La mèche était retombée, mais, cette fois, elle n'a pas essayé de la remonter. Dans les moments importants de ma vie, je parle toujours à Maman-n'a-qu'un-œil. J'ai l'habitude.

Elle était rassurée, à présent. Du bout des doigts, elle écrasait des miettes de biscotte sur la table et elle souriait de nouveau.

– Je ne savais comment t'en parler. C'est bête. J'aurais dû te le dire plus tôt. Mais je voulais être sûre, tu comprends...

– Et lui ?

– Lui, il est sûr depuis longtemps. Il insistait.

– Et c'est toi, alors, qui...

– À cause de toi. J'étais inquiète.

– M'man ! Quand est-ce que je le verrai ?

– Aujourd'hui. Tu... tu veux que nous l'invitions à déjeuner ?

Pourquoi me demandait-elle la permission ? Bien sûr que je voulais !

– Bien sûr que je veux !

– Je suis heureuse que tu ne te braques pas contre lui. Tu verras, notre vie sera changée.

– Il restera longtemps à Paris ?

Elle allait boire son café refroidi. Elle a reposé le bol, tenté de coincer la mèche derrière l'oreille.

– Il est maintenant engagé définitivement.

Et puis, avec un peu de gêne revenue, car les mots donnaient à celui dont nous parlions une étrange réalité, presque une présence entre nous :

– Il est éclairagiste au Français.

Elle a bu le café à petites gorgées et je la regardais boire. Par bonheur, je n'avais pas encore envie de pleurer.

– Jeremy... Tu ne me demandes pas comment il s'appelle ?

– Comment il s'appelle ?

– Jacques... Jacques Durand.

J'aurais voulu dire quelque chose et je ne savais quoi. Ma tête était vide, vide. Je ne pouvais pas quitter la table sans avoir bu mon chocolat. Il fallait que je boive mon chocolat. Maman a profité de ce que j'avais le nez dans mon bol pour se lever.

Maintenant que j'y repense, elle n'a rien su du séjour de John Smith à Paris. J'en suis persuadé. Sinon, comment aurait-elle pu choisir ce moment pour m'annoncer son remariage ? Ce n'est pas possible.

– M'man, je vais promener la chienne de Mme Chauvet.

Elle avait besoin, elle aussi, d'un temps de solitude après notre conversation. Tout en lavant les bols, elle m'a lancé par-dessus l'épaule :

– Ne reviens pas trop tard !

Et puis, maman timide qui demandait à son tour une permission :

– Alors, je lui téléphone de venir déjeuner ?

Elle n'osait pas prononcer son prénom. J'étais content que Farfatelle, la petite chienne de Mme Chauvet, me donne l'occasion de sortir naturellement. Je ne voulais pas faire de la peine à maman en lui laissant une impression de fuite. Je n'étais pas révolté, je ne la jugeais pas, je ne l'accusais pas, je ne lui en voulais pas. Simplement, j'avais cru à un beau rêve, et ce n'était qu'un rêve. Voilà tout.

– Bien sûr, M'man.

Elle a secoué les doigts au-dessus de l'évier. Elle est venue à moi, sans s'essuyer les mains, et elle m'a donné un baiser sur les cheveux, les bras écartés pour ne pas me mouiller. J'avais envie de me jeter contre elle et de l'embrasser, et je ne l'ai pas fait. Je me connais, j'aurais pleuré. Je suis allé m'habiller.

Promener Farfatelle n'est pas désagréable et me rapporte quelques pièces de cinq francs. Mais à quoi bon parler de Farfatelle qui n'est aujourd'hui qu'un prétexte pour me retrouver seul ? Elle a sauté de joie en me voyant arriver. C'était pour elle une promenade inespérée.

Nous avons fait toute la longueur de l'allée des Cygnes en nous arrêtant à chaque arbre. Farfatelle voulait en respirer les odeurs. Moi, je ne voulais rien. Contrairement aux autres jours, je la laissais faire. Elle en profitait. Je ne pensais à rien. Je me sentais engourdi. Pour une raison que j'ignore, il n'y avait pas un seul promeneur. Le plein jour mis à part, l'île était comme dans mon rêve. Une péniche est passée. Un homme marchait à son bord, dans le sens opposé au glissement. Il est resté à mon niveau tant qu'a duré la longueur de la barque. Je le regardais attentivement sans le voir vraiment. Lui ne m'a pas remarqué. La péniche m'a dépassé, dans un grand remous d'eau grise. Elle a emporté l'homme. Farfatelle tirait sur la laisse en direction du prochain tilleul.

De tilleul en peuplier, nous sommes arrivés au bout de l'île où se dresse la statue de la Liberté. La Seine y est magnifique. Elle commence à sentir que Paris est derrière elle et elle s'élargit. Un grand ciel argenté l'élargit encore. Loin en face, dans une boucle, les hauteurs de Boulogne semblent le dernier obstacle avant la mer.

Je pense souvent aussi à la mer quand je regarde la Seine du haut du pont de Grenelle.

Je suis resté au bord extrême à contempler l'eau.

Et j'ai vu deux points blancs qui s'en allaient, l'un à côté de l'autre, au beau milieu du fleuve. C'étaient les deux cygnes. Après une nuit de halte, ils poursuivaient leur route. Je les ai fixés jusqu'à ce que les deux points se diluent dans le courant.

Quand ils ont disparu, je me suis retrouvé seul.

Mais non, je n'étais pas seul. Farfatelle me suppliait des yeux sans comprendre pourquoi je m'obstinais à rester là où il n'y avait plus rien à renifler alors que, tout près, mille découvertes nous attendaient.

J'ai prononcé son nom. Il fallait commencer une bonne fois.

– Jacques Durand.

Un nom passe-partout pour un beau-père bien réel. Je parie que, dans l'annuaire du téléphone, des Durand, à Paris, il y en a trois pages et au moins vingt Jacques Durand. Autant sans doute que de John Smith à Londres.

Oui, d'accord, mais des John Smith violonistes, il y en a combien ?

TABLE DES MATIÈRES

Dans la même collection

JE BOUQUINE

Collection

JE BOUQUINE

1 - Le combat d'Odiri
2 - Le secret du Pilfastron
3 - Haïti chérie
4 - Les kilos en trop
5 - Menace dans la nuit
6 - Danger sur les gratte-ciel
7 - L'affaire Père Noël
8 - Jessica
9 - L'appel de la louve
10 - Torpédo contre les gangsters
11 - Les fugitifs
12 - Coups de bec, coup de cœur
13 - Le mystère de la maison rouge
14 - Les colombes du Liban
15 - Bastille, mon amour
16 - Le voyageur perdu
17 - Le secret des Incas
18 - La malédiction du corbeau
19 - Je m'appelle Dracula
20 - Le défi de Serge T.
21 - Cabrita la sauvage
22 - Papa fantôme
23 - L'enfant qui venait de l'espace
24 - La fille aux santiags
25 - L'escrocœur
26 - Le roi du jazz
27 - Le secret
28 - Moi, le zoulou

JE M'APPELLE DRACULA

À Paris, en cet hiver neigeux de 1897, le comte Dracula, unique héritier du titre, enrage contre un certain Bram Stocker, auteur du livre qui accuse la lignée des Dracula d'être des vampires de père en fils depuis le XVe siècle. Bien décidé à blanchir son nom, le comte s'attaque à la rédaction de ses Mémoires… Un miroir brisé, un visiteur devenu fou, des malaises à la vue d'une simple gousse d'ail, une fiancée blessée à mort par un fougueux baiser dans le cou… Le comte Dracula est-il vraiment aussi irréprochable qu'il le prétend ?

Un roman de Olivier Cohen
illustré par Philippe Berthet.

LE DÉFI DE SERGE T.

Serge est fier : il entre en 6e, au collège. Il va rejoindre Jérôme, son frère aîné, son modèle. Mais Jérôme, lui, n'est pas fier du tout de ce « modèle réduit » qui lui colle aux baskets. On dirait même qu'il le fuit… Au point que Serge et son amie Marine finissent par se poser des questions : Jérôme ferait-il partie de la bande des tagueurs qui couvrent clandestinement les murs du collège et du quartier d'inscriptions bizarres ? Amitié, rivalité, fraternité…

Un roman de Marie-Aude Murail
illustré par Dupuy-Berberian.

LES KILOS EN TROP

Sébastien est trop gros. Normal : il aime les gâteaux presque autant que le football. Mais les deux ne font pas bon ménage. Après un match catastrophique, Sébastien est rétrogradé d'équipe première en équipe débutante. Pauvre Sébastien, il déprime ! Jusqu'au jour où son prof de gym lui fait goûter... au ballon ovale. Ces kilos en trop, loin d'être un handicap, vont bien vite devenir un avantage... de poids !

Un roman de François Sautereau
illustré par Thierry Dalby.

CABRITA LA SAUVAGE

Au village, on ne connaît ni son âge, ni le son de sa voix : Cabrita, l'orpheline qui garde ses chèvres dans la montagne entourant le château de Piédraille, n'a pas besoin de parler pour comprendre les animaux. Mais voilà qu'Évrard, le fils du seigneur, revient au château après des années passées à apprendre le métier de chevalier. Pour lui, les animaux ne sont que du gibier. Et Cabrita, une sorcière sale et sauvage... Pourtant, le plus sauvage des deux n'est peut-être pas celui qu'on croit...

Un roman de Anne-Marie Pol
illustré par André Juillard.

L'ENFANT QUI VENAIT DE L'ESPACE

Suzan est l'un des personnages du célèbre auteur de science-fiction Isaac Asimov. C'est même son héroïne préférée. Il l'a conçue séduisante, mais obsédée par son métier de spécialiste des robots. Et voilà qu'un beau matin de 2010, l'auteur rencontre sa créature, vivante, entre une cuisinière rafistolée et une étrange plante verte qu'elle a baptisée Robbie. Que s'est-il passé ? Rien de ce qu'avait écrit Asimov n'est arrivé. Si les héroïnes de science-fiction prennent en main leur destin, où va-t-on ? Et pourtant, l'histoire de la belle Suzan ressemble à un fameux roman, bourré de rebondissements !

Un roman de Robert Escarpit
illustré par Caza.

LA FILLE AUX SANTIAGS

Jane (attention : prononcez Djène ; surtout pas Jeanne, sinon elle se met en colère...), Jane, donc, vit seule avec sa mère, Françoise. Une vie pleine de fous rires, de chocolats chauds, de complicité et de réglisse en rouleaux. Pourtant, Françoise est loin de se douter qu'au collège, sous le nom de Billy the Kid, sa fille joue les terreurs. Un rôle que Jane prend « terriblement » au sérieux. Trop ? Plus que ses copains en tous cas, qui n'hésitent pas à la traiter de « frimeuse » et même de « fesse molle » ! Quelle horreur ! Billy the Kid est piqué au vif. Puisque c'est ça, Jane va montrer de quoi elle est capable... Jusqu'où l'emmèneront ses santiags ?

Un roman de Martine Dorra
illustré par Frank Margerin.